AF428661

La Era Virtual: Un mundo de algoritmos, bots e inteligencia artificial para ti

Espiritual, crecimiento personal, Volume 2

Ana Elizabeth Duarte Hernandez

Published by Wilmer Antonio Velásquez Peraza, 2022.

LA ERA VIRTUAL: UN MUNDO DE ALGORITMOS, BOTS E INTELIGENCIA ARTIFICIAL PARA TI

First edition. December 5, 2022.

ANA ELIZABETH DUARTE H.

Otro éxito que trae para ti el sello editorial independiente

https://kdpeditorialdesign.com/

LA ERA VIRTUAL

Un mundo de algoritmos, bots e inteligencia artificial para ti

ANA ELIZABETH DUARTE HERNANDEZ

PRÓLOGO

"La Era Virtual: Un mundo de algoritmos, bots e inteligencia artificial para ti"

Describe cómo hoy damos lo mejor de nosotros cuando hacemos clic a una determinada propuesta, damos nuestro amor en una entrega incondicional basada en la confianza y el compromiso de lealtad e integridad, a través de la red esperando recibir otro tanto. Y es que...

El amor es el punto de cohesión del universo creado.

A lo largo de todas las épocas nos ha inspirado y sigue inspirándonos, así, famosas obras teatrales, canciones, esculturas, pinturas y mucho más, hacen alusión y le cantan al amor en sus diversas manifestaciones.

El amor entre las parejas, por ejemplo, va más allá de ambos, consagra su unión en esos momentos mágicos en donde dejan de ser dos y hay comunión entre ellos. Es compartir, darse y entenderse.

En su obra "El Arte de Amar" Erich Fromm cita los diferentes tipos de amor y dentro de ellos, me permito recordar y dejarles dos de ellos sobre los que siempre he reflexionado:

-El amor maternal, parecido al de Dios, incondicional y absoluto: te amo hijo, por eso, simplemente, por ser mi hijo. Te amo, más allá de cualquier circunstancia.

-El amor de pareja: El más falso de todos los amores, primero deseado, luego amado hoy... mañana no lo sé, condicionado a mantenerse bajo motivación y cuido. Basado en la lealtad, la confianza, el respeto...

Los tiempos han transcurrido y cambiado, no obstante, el amor permanece.

Hoy día, se entiende su expresión con más libertad, más independencia, estás donde quieres y con quien quieres estar.

Es una expresión de confianza, libertad y respeto entre las partes, aún exacerbado al máximo nivel cuando no sabes quién recibe o responde tus palabras, orales o escritas a través de la red.

"La Era Virtual: Un mundo de algoritmos, bots e inteligencia artificial creado para ti" es un motivador e interesante recorrido entre dos tiempos presentes, solapados e interconectados en el aquí y en el ahora de la era digital.

Una manera muy didáctica de la autora de interpretar su vida entre dos mundos, desde el antes hasta el ahora de nuestra perenne interconexión a Internet poniendo como único estandarte el amor al prójimo, al tiempo que se pasea por los más innovadores avances tecnológicos actuales.

¡Disfrútalo!

Máster Kely Daly

Agradecimiento

G racias...

A ti, adorado Padre Celestial, Creador de todo cuanto existe.

Gracias por haberme permitido conocerte, porque de no haber sido así, no hubiera podido comprender el mundo real ni el virtual, no habría podido mirar más allá de mi propio ego. Gracias.

Gracias por haber salvado y preservado mi vida,

Gracias por haberme traído a través del tiempo hasta aquí, hasta este momento.

Gracias por todo lo que me has permitido vivir, conocer y aprender en el antes y ahora de la era virtual. Gracias.

Gracias por permitirme llevar estas experiencias hasta ellos, mis hijos, nietos, demás familiares y a todos aquellos que leerán estos contenidos a través de las redes, quienes se verán beneficiados con mi experiencia por medio de este texto de mi absoluta autoría.

Gracias a todas las personas que han contribuido a mi formación y preparación para alcanzar esta meta de mi vida orientada a llevar bienestar y disfrute a mis congéneres.

Gracias Señor, por haber puesto ángeles en mi camino para instruirme y apoyarme. Gracias

Dedicatoria

A Dios, en agradecimiento por sus grandes bendiciones sobre mi vida.

A mis hijos, por ser motores inspiradores de mis luchas y victorias.

A mis colaboradores más cercanos, a mi hija Kely, mi nieto Salvador Alejandro por su paciencia y apoyo incondicional.

A Wilmer Velásquez Peraza por ser motivador e inspirador de esta etapa de mi vida como redactora, correctora, copywriter y apasionada por las letras.

CONTENIDO

Presentación

De forma inevitable, la Tecnología se ha incorporado a nuestras vidas penetrando nuestra cotidianidad, de forma tal que pasamos buena parte de nuestro tiempo diario conectados a la red a través de nuestro smartphone, o teléfono inteligente.

Después de la pandemia y con la imposición de una estricta cuarentena, nos vimos inmersos total y absolutamente en la virtualidad.

Un mundo donde el apretón de manos, el contacto visual o el afable golpecito en el hombro a modo de espaldarazo, dejaron de ser expresiones cotidianas.

En cambio, le sonreímos a una cámara suponiendo frente a nosotros una audiencia inexistente a la que esperamos captar por medio de persuasivos textos escritos u orales, exaltados con amor y pasión.

Soy **Ana Elizabeth Duarte Hernández,** nací en un pueblecito del oriente venezolano, en la primera mitad de la década de los 50 en pleno siglo XX.

Una persona, que, como miembro de toda una generación, abrió sus ojos al mundo con una vida donde no había internet, ni celulares, ni televisión, en algunos casos tan sólo una radio.

A los 12 años cuando entré en la escuela secundaria, aún no se conocía la Era Virtual, todavía no existía Internet, como tal, no obstante, daba sus primeros pininos tras bastidores en algunas partes de un mundo en pugna.

A mis 16 cuando estuve lista para ir a la universidad, Internet era trabajado como "secreto militar" a nivel mundial en las grandes potencias que libraban su llamada "guerra fría", éramos ajenos a todo ese mundo.

En la universidad tampoco se usaba Internet, hubo bibliotecas, investigaciones manuales, listas de libros y revistas copando siempre la escena...

Egresé como segundo mejor promedio y casi de inmediato empecé a trabajar, sin Internet...

Casi a los 10 años de graduada, a finales de los 80, tuve mi primera experiencia usando Word.

Es inevitable echar una mirada atrás y no reconocer que el modo de comunicarnos ha mutado.

Han sido experiencias fabulosas vividas antes y durante el desarrollo de Internet en este tiempo, y por ello...

Humildemente, me he sentido motivada a destacar todo esto, y dejarlo como un gran aporte para tu conocimiento, tu reflexión y para contribuir a hacer de éste mundo, un lugar donde cada vez nos sintamos mejor.

Que algún día, ojalá, hasta mis tataranietos tengan un testimonio de cómo fue mi vida sin internet, en comparación con la de ellos y cómo la inquietud y la motivación de escribir la historia al final de mi vida llenó mi alma de gozo y satisfacción.

"La Era Virtual. Un mundo de Algoritmos, Robots e Inteligencia Artificial creado para tu disfrute" te retrotrae a un pasado cercano de nuestras vidas sin internet, e igualmente te muestra la actualidad, donde puedes realizar *cualquier actividad* sin límites de su alcance porque puedes obtener *TODO* lo que se conoce al respecto, y te proyecta mucho más allá en un mundo de algoritmos, robots e Inteligencia Artificial creado buscando el bienestar de la humanidad.

Cabe preguntarnos:

¿Qué nos espera en este campo de las comunicaciones humanas?

Nos espera la interconexión total que plantea el *Internet de las Cosas,* la *Domótica, el Big Data, el blockchain*, entre otros avances hasta ahora en desarrollo...

Y es que el mundo se ha vuelto **GLOBAL *y* DIGITALIZADO**, no importa dónde estés ubicado, eres accesible a través de la red en tiempo real, aquí *y ahora.*

Un tiempo de interconexión, de exploración de las posibilidades ilimitadas en el entendido que sólo ocurre porque así no es permitido vivirlo para nuestro gozo y disfrute haciendo de ello una experiencia positiva.

Capítulo I

¿Qué es eso llamado era virtual?

Necesariamente, la era virtual o digital, como también se le conoce, es la era de la confianza, del amor por el prójimo en su máxima expresión, cuando entregamos y aceptamos con un clic lo que se nos ofrece a través de la red.

¿Por qué afirmo esto?

Porque, ahora mismo puedes estar leyendo este texto, de forma virtual, pero NO nos conocemos, ni podemos vernos, te regalo mi amor, mi buena intención para contigo.

Estamos involucrados nosotros, los más de 3.500 millones de personas conectados a Internet por un celular, simultáneamente en un momento dado.

Hace no mucho tiempo, sólo éramos una sociedad que **no tenía internet**. Ni sabía de lo que se trataba.

Enviaba cartas, télex y faxes, por medios no electrónicos ni interconectados.

Había que sumar arduos esfuerzos para llegar al conocimiento de temas, disciplinas mediante investigaciones e interpretaciones custodiado por bibliotecas, museos y universidades.

La ciencia y la cultura avanzaban despacio, aisladas una de la otra.

De un pronto a otro hubo profundos avances y ello, dio lugar a la...

Era virtual, el predominio de Internet en nuestras vidas, y ya, en este tiempo, todo, o casi todo lo estamos haciendo por Internet.

Cómo definir este nuevo estado de la comunicación humana, es decir...

¿Qué es **INTERNET?**

Es un modelo de interconexión abierto, transparente, altamente exitoso, con altos estándares de seguridad, exactitud y colaboración.

Internet es accesible para cualquier persona sin importar su condición, edad, sexo, nivel educativo, capacidades o ubicación.

¡Imagínate! **todos estamos ahí,** en la red, pero, no nos vemos, ni nos conocemos, en este hogar, nuestra tierra, somos más de 7.500 millones de seres, y dentro de esos, más de un 40 % de ese universo vive con un celular en constante interconexión.

INTERNET es un modelo comunicacional masivo de alcance mundial totalmente exitoso.

Un medio de comunicación entre humanos asistidos por robots, algoritmos e Inteligencia Artificial en total interconexión caracterizado por el inmenso volumen de actos o hechos comunicativos simultáneos, gracias a la inconcebible velocidad con que se suceden, por su inmensa variabilidad y complejidad de manejo, gracias a la Tecnología de la Información.

Todo ello, ha transformado el entorno social en el que vivimos y hasta nuestra forma de interactuar, así como nuestras tradiciones y costumbres.

También la llaman era *digital* porque es a través de dispositivos electrónicos, donde todo se digita, textos instantáneos, e mails, posts, conexiones con tiendas, investigaciones en Google, compras, ventas, y así casi todo...

Las comunicaciones se automatizaron en un abrir y cerrar de ojos y se transformó el entorno social, local, regional y mundial.

Con la **Era Virtual** estamos en tiempo real en todas partes, es el **aquí y ahora** de nuestras vidas.

Involucra la capacidad que se nos concede a través de internet de permanecer hiperconectados **los unos con los otros** *7 días de la semana las 24 horas del día.*

De hecho, desaparecieron las diferencias horarias intercontinentales, ya no interesa el huso horario, ni qué hora es, **el mundo es único, es uno solo digital, es virtual a través de internet.**

¿Cómo es esto posible?

Esto ha sido posible por medio de las redes satelitales que arropan la tierra alrededor de su trayectoria orbital, así todo lugar en el globo está interconectado.

De tal manera que es irrelevante, dónde te encuentres, en el Polo Norte, en China, en Buenos Aires, en los Alpes Suizos, disfrutando de un café en San José de Costa Rica, o frente a tu ordenador en Caracas.

Siempre habrá cobertura, el sistema de la Tecnología de la Información así lo garantiza y es capaz de llegar cada vez más lejos hasta los confines de la tierra, sin límites de tiempo ni distancia.

Es un tiempo maravilloso, no tenemos restricción en el alcance de nuestras acciones.

Interconectados con el mundo para el mundo, recibiendo y dando lo mejor de cada uno, de acuerdo con los principios de amor y de igualdad en la búsqueda de hacer de éste un mundo más amoroso menos tenso y más pleno de disfrutar.

¿Para qué nos sirve?

Nos sirve para vivir una vida plena, el cielo en la tierra, porque ha sido dispuesto y creado para nuestro bienestar y nuestro confort.

¿Cómo podemos aprovecharlo?

Lo aprovecharemos viviéndolo, disfrutándolo, compartiéndolo, entregándote confianza a ti, que estás del otro lado, a quien no podemos ver, pero en quien depositamos nuestra fe, seguros de recibir lo que buscamos, así nos disponemos con mente abierta a aceptar tu presencia a través de **tus palabras habladas o escritas virtualmente.**

Puedes, por ejemplo, disfrutar de cocinar, poniendo en práctica recetas de tu comida preferida o de la que se te antoje, sigues al pie de la letra las instrucciones a través de la excelente aplicación que es YouTube y enseguida tendrás un exquisito platillo, no importa si dominas o no el arte culinario, no importa si te gusta o no, siempre obtendrás resultados a modo de solución.

Si lo que quieres es comprar o vender, encontrarás tiendas virtuales de los productos y marcas que tengas a bien requerir o imaginar, con despacho libre de costos, con descuentos, con la respectiva recomendación, de otros compradores, de las mejores marcas, de los mejores vendedores, *mejor imposible*. ¿No crees?

Si deseas ir de paseo, te indicará la ruta libre del tráfico y te llevará con toda seguridad, en el menor tiempo al punto exacto de tu destino. Te lo indicará en español, en inglés o ... en mandarín si eres de allá y esa es la lengua que entiendes.

Si tu interés es estar informado en tiempo real de lo que ocurre en el mundo no habrá noticia que no llegue a tus oídos y gráfica que no se muestre ante tus ojos. De farándula, de economía, de política, de sucesos y pare de contar...

Si lo que deseas es aprender algún arte u oficio tienes los mejores cursos y maestros virtuales de todas las categorías y asignaturas desde los niveles más específicos desde temas generales y sencillos hasta complicados esquemas y análisis. Es la autopista del saber.

¿Se trata de entretenimiento? Entonces, imagina algo, y te quedarás corto. Cualquier género de música, baile, video juegos y mucho más.

Si necesitas una consulta médica de cómo curarte en casa o de cómo encontrar los mejores especialistas, no lo dudes, te aportará toda información. Solo entra en la red y pregunta, cliquea y listo. Y además...

Si requieres una compañía idónea para tu vida también te presentará alternativas de solución. Ya lo veremos al detalle...

¿Cómo conectarnos entonces?

Con tan sólo poseer un equipo electrónico conectado a la red, el mundo está a tus pies.

De pronto, sin darnos cuenta aumentaron las plataformas y las posibilidades de esa interconexión digital, y la evolución que se esperaba viviéramos para dentro de unos 10 a 20 años, se precipitó en unos cuantos días, henos aquí inmersos, de lleno, en la **Era Virtual**

El conocimiento y uso de la tecnología de los teléfonos inteligentes que antes era poco accesible y de uso sólo posible para algunos, de pronto nos arropó y ya es de uso cotidiano para todos.

Lo cierto, es que esto ha traído una apertura total a un mundo globalizado, cada vez más hiperconectado, donde todo ocurre en tiempo real concebido y pensado para "facilitar" la vida.

Hoy día, en tiempo real, apenas das clic en tu mensaje el destinatario ya lo está recibiendo, y si te responde, inmediatamente tendrás su respuesta.

Dicho así, queda como sencillo y no percibes el alcance del hecho, y es que realmente, es algo brutal, el número de correos electrónicos que se entrecruzan mundialmente cada hora, y lo que significa este simple hecho.

Los beneficios de esta eran digital nos trastocan tan de cerca, que han modificado nuestros hábitos y costumbres, ya que no importan las distancias, se ha logrado mejorar los resultados en el tiempo, o sea se es más eficiente.

Es una forma de comunicación más fácil, el hecho comunicativo se ha contextualizado al mundo, superando nuestro entorno cercano, accedemos rápidamente a cualquier información sin límite de tiempo ni espacio, estamos interconectados simultáneamente entre comunidades con inmediatez y efectividad.

Su alcance es global, general, abarca todos los ámbitos de la tierra, toda las personas sin importar su edad, nivel social, cultural o educacional.

¿Cuál es su proyección? ¿Qué piensas tú de este aspecto?

Cualquier cosa que imaginemos se queda pequeña, no hay límites.

Hay múltiples teorías, tantas como expertos estudiosos alrededor del mundo.

Se cree que para 2050, es decir en menos de 30 años, la gente será un poco *robot,* pudiendo acceder a internet sin tener que meterse en un ordenador sino a través de un delicado y sofisticado implante ocular.

Ya no sería una pantalla de "x" o "y" pulgadas, sino una realidad integrada a tu ser aumentada y personalizada.

Si te detiene alguna cuestión religiosa o ética, puedes entonces acceder a un resultado parecido con capacidad de visualización a través de los llamados Google glasses.

Su proyección supera nuestro presente, llega al futuro inmediato, mediato y más allá porque sus avances no se detienen, es la capacidad máxima de la tecnología moderna del mundo al servicio del mundo.

Es algo inevitable, cada día, se generan nuevas e insospechadas aplicaciones que permiten automatizar y descubrir beneficios, que aparecen y en un principio, parecen algo así como ciencia ficción, pero, en un abrir y cerrar de ojos, la gente las asimila sin juicio ni rechazo, y los hace suyos incorporándolos a la cotidianidad.

He ahí el peligro de su dominio sobre nuestras mentes, porque nosotros no somos virtuales, los que sí lo son, son los bots, nosotros somos esa creación divina hecha a su imagen y semejanza, Él nos ha permitido este tiempo y esta era virtual.

¡Vivámosla a plenitud, pero con conciencia!

Capítulo II

La vida sin Internet

No sé cuántos años tienes tú lector, sin embargo, eso es irrelevante, porque ya sea que hayas crecido en la época cuando no existía Internet, como yo, o bien si eres producto de esta **Era Virtual**, este tema te resultará apasionante y divertido...

En lo personal, viví sin Internet hasta que tuve más de 30 años de existencia, entonces tuve tímida consciencia de lo que ocurría a mi alrededor.

Obviamente, hoy día asimilas la información que se despliega ante tus ojos de forma explícita porque hemos pasado de un tiempo de poca claridad en la cual reinaban otras costumbres y hábitos, donde todo era tabú o censurado a este momento de total y absoluto despliegue: Es *La era virtual*, el imperio de la Inteligencia Artificial.

Una era donde todos los secretos te son revelados con tan sólo dar un clic.

Nosotros, sin saberlo, constituimos una gran masa de seres humanos completamente desprevenidos y susceptibles de perder nuestra individualidad, en peligro de ser "dominados" ante su inmenso poderío.

¿Tienes un celular inteligente o smartphone?

¿Dispones de una conexión a Internet?

Entonces todo está a tu disposición con sólo dar un clic. El llamado es a no ser "dominado o idiotizado", sino a ser conscientes de su alcance e importancia.

He ahí una de las razones de este libro. Motivar un despertar de consciencia ante lo que siendo inevitable debe ser considerado en toda su magnitud ya que los avances tecnológicos logrados a través de robots, algoritmos e Inteligencia artificial llevan como propósito captar nuestra atención quitándonos toda criticidad hacia el sistema imperante.

Estoy segura de que estás de acuerdo conmigo en que la vida hoy con internet es más fácil.

Totalmente interconectada, con increíble vinculación por medio del intercambio y de la generación de datos a velocidades inconcebibles, fracciones de fracciones de segundos.

Sin embargo, te puedo decir, que cualquiera de las épocas anteriores tuvo su encanto propio, si bien, antes se vivía un cúmulo de hechos aislados.

¿Cómo hacíamos?

Lo hacíamos y lo disfrutábamos, era lo que había.

Aunque no puedas ni imaginarlo, esa época existió. Se trata de tiempos **no** tan remotos, en los que todo era como vivir ahora en el campo, es decir en el medio rural.

Por allá, por los años 90, más o menos. Imagínate, ni siquiera hace mucho tiempo.

Ya para entonces existían las computadoras, ya alguien las había creado, eran llamadas *ordenadores*. Pero, como todo comienzo, todo estaba por hacerse.

Los tales ordenadores eran entidades separadas, no estaban conectados entre sí, era un mundo desconectado, separado, aislado y sólo se utilizaban para tareas específicas y puntuales, como escribir textos, eran usadas por empresas para trabajar sus asuntos internos solamente.

Llegaron para sustituir la emblemática máquina de escribir. La mía, esa donde escribí mi tesis de grado, fue una Smith Corona. Ni remotamente imaginamos lo que nos sobrevendría después.

Luego, hubo alguien que concibió y creó la interconexión. Y cambió la historia de las relaciones humanas por siempre.

Para aquel entonces, igual que ahora, la vida era sin complicaciones, con la diferencia de que no se disponía de televisión, ni celulares, ni tabletas, ni iPad, sólo, en algunos casos, la radio local de escaso alcance y penetración.

De niños jugábamos con los vecinos en los patios con juguetes de nuestra propia creación, sin malicia y con entrega total no había helicópteros, carros o aviones a control remoto, y las muñecas no tenían cabellos de colores brillantes, ni tampoco hablaban. No teníamos el costoso juguete conectado a internet que sí tienen los jóvenes ahora: un celular

Quizás a mitad del juego, en su parte más interesante oías un llamado, era un grito de alguna mamá:

- Eeey, niña qué estás haciendo, basta, ¡hora de comer!, algo así como una llamada de hoy al celular de su hijo, para ver qué hacía, ir a comer o a reportarse.

En el liceo, conocí al que luego fue mi esposo por casi 40 años, al salir de clases caminábamos tomados de la mano hasta la parada del autobús, volvíamos a vernos al día siguiente.

Nos enamoramos persona a persona, mirándonos a los ojos, tomándonos de las manos frecuentándonos, viviendo la emoción de la cercanía.

Hoy día, a través de Internet puedes encontrar pareja, sí, la era virtual, te interconecta a través de plataformas especializadas con personas que desean compañía y puedes conocer y tener novio a través del medio virtual.

Para aquel tiempo si tu novio o familiar estaba lejos podías escribirle todos los días a través del correo.

Las cartas, equivalentes al popular correo electrónico o email actual, se depositaban en la oficina de correos y eran despachadas a través de un servicio ordinario o urgente, que podía ser o no certificado. Este sistema de traslado llevaba la correspondencia a las direcciones señaladas.

Las oficinas de correo aún existen hoy día, pero han quedado para uso oficial por parte de los gobiernos. Pero la comunicación interpersonal es virtual por excelencia.

Otra manera de enviar mensajes era de la forma boca a boca, como dije antes, no había teléfonos personales.

Charlas como: dile a Luis que ayer vi a su ex está hermosísima y anda con otro... O simplemente: Si ves a María dile que ayer nació la niña de Luisa y se llamará como la suegra, eso decidió Juan.

No había redes sociales...lo cual nos mantenía en un entorno reducido a nuestro pequeño universo local, tanto de hechos como de personas.

Para los que solo han vivido su mundo con internet resulta difícil imaginar cómo era la vida antes de tenerlo todo a un clic de distancia. Hoy día TODO está a tu alcance.

Con el tiempo, se vivió la evolución de la penetración de Internet en nuestras vidas, en principio por la ubicación en un país del llamado tercer mundo, fue casi tímida.

Por ejemplo, para hacer la tarea escolar, un viaje a la biblioteca pública donde los únicos aliados eran la enciclopedia y el diccionario. Y echarle muchas ganas, por supuesto.

Y si estaba en inglés, no importaba, venga el Appleton New Cuya's traduzca, y luego estudie.

Así de sencillo.
OYE ABUELO. EN TUS TIEMPOS QUE NO HABÍA CELULARES NI INTERNET, NI GOOGLE NI CALCULADORAS ¿QUE USABAN EN LA ESCUELA?
USABAMOS LA CABEZA

AQUÍ SE CUELA, INEVITABLEMENTE, un análisis. Salían mejor preparados los profesionales luego de tanto esfuerzo, en cambio, ahora solo copian y pegan y esto lejos de ser un reproche debe ser entendido como un llamado a la reflexión.

Encarta, apareció luego, se utilizó como enciclopedia virtual. Ya yo había egresado de la universidad y trabajaba en el ejercicio de mi carrera, la usé como fuente de información para temas de investigación sobre informes técnicos.

En lo profesional, a finales de los años 80 los ordenadores proliferaron, entonces, tomar cursos sobre Word en un hardware genérico de Microsoft, que constaba de un equipo compacto, o fuente de poder, con un monitor voluminoso, era lo propio.

Las noticias locales se conocían boca a boca, las regionales nacionales e internacionales a través de medios de prensa, esto es periódicos, lo cual forzaba a leer, por ello, opino que cada tiempo, no es que haya sido mejor o peor, sino que simplemente cualquier época tuvo su encanto.

La radio, en los núcleos más poblados, era local y AM o amplitud modulada, después apareció la FM o frecuencia modulada con mucho más calidad del sonido.

Comenzaban en las mañanas con música criolla del acervo cultural, luego ponían noticias también musicales y/o radio novelas.

Los influencers no abundaban. Aunque existían y eran respetados y valiosos personajes de nuestra sociedad real.

Con el tiempo aparecieron los canales de televisión con sus noticieros vespertinos y nocturnos, los programas de opinión moldeando la mente de la gente receptora y se hicieron numerosos los personajes que llevaban sus ideas del mundo, de la economía de los gobiernos y hasta de Dios.

Cuando el hombre llegó a la luna se vio a través de una televisión borrosa en blanco y negro en una cadena de transmisión desde USA.

Si hago una reminiscencia en el tiempo de lo que hacíamos según los elementos de los que disponíamos, mi casa sin lujos, puedo citarte:

Disfrutamos de un equipo de sonido, llamado picót, era un aparato eléctrico para oír discos de larga duración o Long play, LP y unos discos de corta duración, que duraban 45 minutos, disfruté todos mis cantantes desde los más antiguos hasta los propios de la época.

Extranjeros de renombre: Frank Sinatra, Elvis Presley, Raphael, José José, Luis Miguel o criollos como Mario Suárez, Héctor Cabrera, Raquel Castaños, Maira Martí, Rosa Virginia Chacín, Simón Díaz, José Luis Rodríguez, Lila Morillo, Oscar de León, marcaron época de deleite y gozo en nuestra vida fuimos eso, un tiempo maravilloso que se fue. Luego vinieron los casetes en Beta y VHS, luego los cd, discos compactos o compact disc.

En un reproductor de casete en blanco grabábamos las canciones que oíamos y nos gustaban, con un radio grabador y reproductor. Ensayo y error era la regla imperante y se disfrutaba al máximo. Las fiestas casi siempre eran con música de discos de larga duración de las orquestas de moda, se bailaba, se compartía persona a persona.

No era reggaetón, eran boleros y guaracha, después vino el merengue y la salsa.

Por allá, a finales de los 80, ya sabía escribir Word en una computadora y entonces a través de mi trabajo recibí un equipo celular Samsung "raspa hielo", celulares gordos y pesados con una antenita en un extremo, era el antecesor de mi actual smartphone.

No había redes sociales y cuando salieron eran Twitter y Facebook.

Yo sólo me suscribí en Twitter con un **BlackBerry**, fue una marca de teléfono móvil desarrollada por una compañía canadiense que integra el servicio de correo electrónico móvil desde 1999 e incluía las aplicaciones típicas de un teléfono inteligente

Internet nos ha traído, una nueva forma de comunicarnos y de interrelacionarnos entre los humanos.

Es definitiva la penetración de la Tecnología de la Información (Tic's) en nuestras vidas.

De pronto se ha puesto de moda buscar pareja por internet, y han surgido multitud de plataformas donde gente sola quiere aparejarse.

Al disponer de tal alternativa, acuden en masa en busca de ese alguien con quien compartir, por supuesto que esto constituye riesgos y hay experiencias nefastas en esa dirección, pero también se han dado matrimonios y uniones felices.

De cualquier manera, mi vida transcurrió sin internet hasta que... de forma expresa decidí dar el salto y reinventarme y aprovechar la era virtual con todas las ventajas que ofrece, incluso buscar pareja por Internet, ¿por qué no?

Pero sobre todo cumplir con el mandato que Dios nos da a todos a la hora de nacer, el cual es "servir", porque si queremos destacarnos en el mundo sirvámosle sin acepción de personas. Es mandato divino.

Con propósito, haciendo eso que más amas y disfrutas con verdadera pasión y entrega.

Una pasión tan grande tal cual la que le brota hasta por los poros a Wilmer Velásquez Peraza, mi mentor, quien escribe y escribe, se nutre, vive, ama y respira, soñando con seguir escribiendo y creando hasta su último suspiro, hasta su último amanecer...

Y es que este es uno de los secretos del éxito de los triunfadores, el cual es:

Obsesiónate con tu pasión y el éxito y el renombre te llegarán por añadidura.

Por ello, me he dado a la tarea de estudiar, de buscar, de conocer y entender el alcance de la era virtual y sus consecuencias en los diferentes aspectos y cada día busco y rebusco más y más.

Aquí te dejo algunas notas interesantes.

Sigue leyendo...

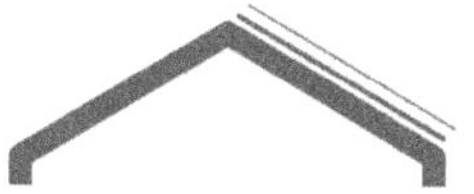

Capítulo III
Orígenes de Internet

Cómo y de dónde surge internet es la pregunta para respondernos...

¿Y qué hacemos?

De inmediato nos vamos a Google y de ahí salen todas las respuestas... así funciona.

Conozcamos un poco sobre la historia de Internet.

Y tú te preguntarás, pero bueno y ¿para qué?

Porque, sencillamente, nuestro mundo está en conjunción y querámoslo o no, la cosas ocurren a nuestro alrededor y aunque hagamos como el avestruz y no lo veamos, nos afectan e inciden en nuestro andar.

De alguna manera saber nos ayuda a clarificar nuestro sendero, el que no sabe a dónde va, cualquier destino le sirve.

Tengamos conocimiento y seamos conscientes del mundo al que tenemos la dicha de pertenecer. Así, demos un paseo por los acontecimientos de la primera mitad del siglo XX...

Después de uno de los episodios más oscuros y tenebrosos de la historia de la humanidad, como lo fue la Segunda Guerra Mundial promovida por Adolf Hitler desde Alemania.

Estados Unidos y la antes llamada Unión de Repúblicas Socialistas Soviéticas o URSS, viven la llamada Guerra Fría, no era una guerra como tal, pero no se pedían ni se daban cuartel.

El enfrentamiento abarcaba amplios aspectos de la vida y del acontecer mundial y pugnaban por la supremacía en los temas ideológico, económico, político, militar y por supuesto tecnológico.

Destacándose dos temas de forma preponderante, pero marcando su inciso directo sobre los otros. Veamos:

En lo ideológico: comunismo o capitalismo libre y,

En lo Tecnológico: Te domino, soy más poderoso que tú.

Perseguían el dominio de los avances tecnológicos para usarlos uno contra el otro, era una lucha tenaz.

Apenas la URSS lanza el primer satélite artificial de la historia a orbitar la tierra, el Sputnik 1. Surge, para Estados Unidos la necesidad de protegerse de un posible ataque ruso...

En respuesta, crean una red con fines exclusivamente militares.

Era la Agencia de Proyectos de Investigación Avanzados de Defensa (ARPA por su nombre en inglés).

Perseguía no perder acceso a la **información militar integrada y accesible** dentro de su país, en caso de ataque por parte de Rusia.

Afortunadamente, ese ataque nunca se dio, los acontecimientos históricos, nos dejan saber que tal iniciativa generó un avance tecnológico sumamente importante:

ARPA vino a ser la verdadera clave en la historia del Internet.

Tuvo a su cargo la investigación y el desarrollo de nuevas tecnologías con propósitos defensivos y militares,

Se le llamó ARPANET y fue la primera conexión de computadoras, entre tres universidades en California.

Las iniciativas militares, gubernamentales y luego privadas que buscaban alcanzar las supremacía los llevaron a lo que hoy constituye Internet.

Surgió así la **sociedad de la información**, cimentada en la interconexión, a través de una red global de ordenadores interconectados con el único fin de alcanzar el intercambio libre del conocimiento fidedigno que aportaban todos los usuarios...

Es importante destacar que en sus inicios las primeras redes de computadoras se restringieron a una audiencia de científicos, ingenieros y trabajadores gubernamentales, sin embargo...

Con la caída del muro de Berlín y la desintegración de la URSS, Estados Unidos y la Europa libre toman el control de la situación sobre las comunicaciones mundiales y es así como en 1989 Tim Berners-Lee en el Reino Unido, consigue desarrollar la World Wide Web.

La conectividad dejó de ser exclusiva y pasó a ser de todos gracias a la World Wide Web.

Es la red mundial o www, que funciona como un sistema de distribución de documentos o hipertextos (HTTP) interconectados y accesibles para facilitar los trabajos del CERN (Centro Europeo para la Investigación Nuclear o Laboratorio Europeo de Física de Partículas Elementales).

El sistema comenzó a ser tan popular que en 1991 se abrió al público externo.

Su recepción fue tan rápida que ya en 1997 habían más de 200.000 sitios web y es así como velozmente...

Entramos en **un nuevo tiempo: la Era Virtual o Digital**.

Aunque a partir de la década de los 80 se vivió el auge de los ordenadores de mesa y la explosión globalizada de la digitalización, la **Era Virtual** se afianza cuando tú, yo y cada uno de nosotros maneja un iPhone o cualquier otro equipo inteligente.

Y con ese equipo inteligente todos hemos contribuido a fortalecer el músculo comunicacional de Internet, de tal modo que **se ha modificado:**

- La manera tradicional del comercio,
- La manera de enseñar.
- La forma de gobernanza de los países.
- La salud como un todo.

Ahora, el conocimiento está al alcance de todos, navegamos en el océano de la información.

Y, por si fuera poco, en el pasado quedó aquel planeado encuentro para tomar café, compartir una parrillada o visitarse entre amigos para relacionarnos afectivamente.

Con la aparición de la pandemia, todas las relaciones pasaron a ser virtuales, lo que marca un antes y un después definitivo en el devenir del intercambio interpersonal.

La mente humana es como un paracaídas...funciona solo abierto.
Albert Einstein

Capitulo IV

El Internet de las cosas IoT (Internet of Things)

LA DOMÓTICA

El Big data

El Blockchain.

El Internet de las cosas (IoT)

En verdad, amigo lector escribo pensando en el deleite que motivaré en ti con la lectura de este texto, al mismo tiempo que ha sido un maravilloso disfrute para mí.

Ahora conocerás de un avance extraordinario que realmente ya resulta fabuloso y que yo, quizás, debido a mi edad, no lograré experimentar en toda su expansión, como sí podrás hacerlo tú, porque esto de la **Era Virtual**, apenas comienza, ha llegado para quedarse o como dicen algunos, "pica y se extiende"

Aunque los avances tecnológicos caminan a pasos agigantados y cada día el avance anterior resulta que acelera más al siguiente en una vorágine jamás imaginada ni concebida desde nuestra mente.

Es definitivamente el auge de la robótica, la inteligencia artificial y los algoritmos sin límites ni restricciones de ninguna naturaleza.

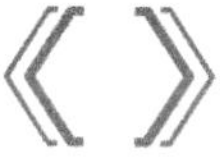

¿Y DE QUÉ ES QUE VOY a hablarte ahora?

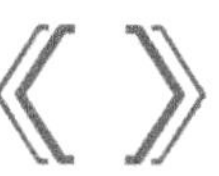

DEL INTERNET DE LAS cosas conocido por las iniciales IoT

El IoT en inglés, o Internet de las cosas, (Internet of Things) es la comunicación entre sí de cada una de nuestras "cosas" de uso diario con el único objetivo de facilitar nuestras labores cotidianas.

Y seguro tú me dirás:

¿De qué estás hablando? ¿Las cosas tienen internet?

Por favor, explícate.

No, no es que las cosas de uso diario tengan internet.

Quiere decir que todos los objetos electrónicos en el hogar, en la oficina, en hospitales, en fábricas, en pequeñas y en grandes empresas, pueden interconectarse entre ellos, para llevar adelante las tareas que son nuestra responsabilidad.

Dichas tareas pueden ser realizadas de forma eficaz, desde un punto de control, permitiendo eliminar errores y aprovechar mejor el tiempo.

El internet de las cosas es una aplicación efectivísima que ha logrado la Tecnología de la Información para favorecer nuestra cotidianidad.

Los avances tecnológicos han colmado todos los aspectos de nuestras vidas.

¿Cómo son interconectables?

Se pueden interconectar sin cables, o sea de manera inalámbrica, por medio de lo que hoy todos conocemos como Wi-Fi.

Así, tenemos hoy día interconexión o intercomunicación inteligente entre diferentes dispositivos electrónicos.

Con el fin facilitar nuestras obligaciones, aún con las tareas cotidianas más pesadas y repetitivas.

IoT ha llegado para hacernos mejor la vida en un tiempo donde todo era para ayer, y donde las multitareas tienden a agobiarte.

Puede que lo veas distante y se pudiera pensar que se trata de ciencia ficción...

O asuntos de personas con muchos recursos, pero no, cada vez es más asequible, popular y conocido.

Es un área que no detiene su avance.

De tal modo avanza que, ha generado múltiples aplicaciones y ramas de esta tecnología en sus diferentes usos.

Una de ellas es la Domótica.

Se trata de un conjunto de tecnologías orientadas al control y automatización inteligente de tu vivienda.

Interconecta entre sí la corriente eléctrica, el Wi-Fi y todos los dispositivos internos del hogar, tales como:

- **Iluminación,**
- **equipos de climatización,**
- **persianas y toldos,**
- **alarmas,**
- **riego del jardín,**
- **cierres de portones entre otros.**

Para que te hagas una idea, en la tarde, desde la oficina antes de regresar a la casa, en un día caluroso puedes cerrar las persianas, encender el aire acondicionado y las luces, regar el jardín y recalentar la comida que dejaste lista en el microondas, entre otras cosas, mientras llegas a casa desactivas alarmas y abres portones.

La Domótica permite que los dispositivos conectados reciban y envíen la información y la compartan con el resto del sistema, además de con el usuario.

Un interesante uso de la Domótica ha sido puesto en práctica en invernaderos.

Para ello, se interconectan elementos (sensores de suelo, sistemas de riego, controles de temperatura, entre otros), usados en la agricultura de precisió[1]n para mejorar la producción agrícola vegetal.

De igual manera, es Internet de las Cosas un dron, un sistema de luces, un software para mapeo, entre otros.

---

1.   https://latincopy.com/wp-admin/post.php?post=26463&action=edit

Ya vemos que su función es mejorar la vida de los seres humanos, así debemos verlo y aprovecharlo.

Internet de las cosas (IoT). Robot analizando algoritmos de programación

Beneficio #1: *Vivienda inteligente*, todo bajo control en tu residencia con seguridad y ahorro de energía

Beneficio #2: *En agricultura*, la interconexión disminuye los costos y aumenta la productividad

Beneficio #3: *En el turismo hotelero*, se destacan entre muchas aplicaciones el uso de llaves digitales, control de temperatura de habitaciones, servicios de agua, televisión, todo para un mejor servicio y atención al cliente.

Beneficio #4: *En la industria pesada*, los sistemas interconectados aumentan la productividad, optimiza los resultados y aumenta la eficiencia.

Beneficio #5: *En medicina y farmacia*. Sistema automatizado de citas, despacho de medicamentos, servicios en el quirófano...

Son múltiples las aplicaciones y usos y cada día se añaden más.

"La mente humana es como un paracaídas...sólo funciona cuando está abierto" **Albert Einstein.**

El Internet de las Cosas, permite citar esta frase de Albert Einstein, ya que la importancia futura del mismo sólo puede ser entendido con **mente abierta.**

De manera general, el internet de las cosas no sólo será usado en la interconexión de artefactos o artículos de uso diario en tu residencia o en tu oficina, cosa que ya es obligada en muchas empresas y entre gente que se mueve en medios donde se requiere de alta seguridad, sino que se logrará con una mínima intervención humana, vale decir desde un control remoto.

Los continuos avances del mercado tecnológico hacen que cada vez se esté más cerca de alcanzar el uso de una interconexión global.

De tal modo que equipos de cualquier naturaleza se adaptan o adoptan diferentes softwares para hacer más efectiva la interconexión.

Nuestra imaginación actual se queda corta ante lo que podrá hacerse desde la nube, dispositivo a dispositivo, o por medio de intercambio de datos, entre otros.

Destaca también la flexibilidad en los medios de conexión de los dispositivos del IoT ya que pueden interconectarse y dar valor al usuario.

Se trata de un "mundo hiperconectado"

En verdad, es un tema emergente de alta importancia social y económica.

Se estima que para el año 2025, en pocos días, habrá hasta cien mil millones de dispositivos conectados a la IoT y que su impacto será de US$ 11.000.000.000.000...

Por consiguiente, debemos estar preparados para manejarnos de forma virtual en todos los aspectos de la vida.

Desde tu oficina, podrás controlar tu "casa inteligente" y desde tu hogar podrás controlar toda tu oficina.

Sin embargo, también debemos prepararnos para los importantes desafíos que involucran semejante hiperconexion.

El aspecto negativo es que ese mundo hiperconectado, cada vez se automatiza más eliminando mano de obra humana.

Sí, todo lo que quieras será aprovechado de una u otra forma exitosamente y marcará nuevos niveles de satisfacción. Pero...

Por otra parte, los malos de la película también tendrán acceso a la interconexión global, significa que debemos estar preparados para vivir en ese mundo hiper conectado.

¿Estás preparado para enfrentar un mundo hiperconectado?

Amigo lector, si no lo estás, vete preparando porque eso viene de manera indefectible e inevitable.

El Big Data:

- **Qué es y cómo funciona**
- **Cuál es su utilidad**
- **Qué pasaría si no hubiera internet**

¿Por qué hablar de Big Data en este contenido?

Se trata de destacar la importancia de **"La era virtual"**

¿Qué tiene que ver una cosa con la otra?

Cuando abrimos nuestra mente a entender el mundo actual, es absolutamente necesario conocer y entender qué es eso de Big Data...

Imagina nada más que, en este mismo momento, de manera simultánea nos encontramos interconectados tu celular, el mío y quizás más de 3.500 millones de equipos electrónicos similares en poder de igual número de personas en la tierra. ¡Guao!

Tan sólo el seguimiento o *trazabilidad* de cada clic que cada uno haya dado, como antes les comenté, sumaría tal cantidad de datos e información inimaginable de manejar desde nuestra mente humana y desde cualquier sistema de gran alcance, el cual colapsaría, por ello y para dejar registro de tales dimensiones de información surge el Big data.

¿Comprendes?

Big Data es "ese conjunto de datos", extremadamente grande, que pueden analizarse computacionalmente para revelar patrones, tendencias y asociaciones, especialmente en relación con el comportamiento de las relaciones humanas.

Se proyecta como eje central, o la columna vertebral de los negocios del mañana, un mañana que ya nos arropa.

En otras palabras, Big Data se refiere a:

Grandes volúmenes de información de diferente índole, que tienen...

- Gran complejidad,
- Gran variabilidad y
- Gran velocidad de crecimiento.

De difícil procesamiento para alcanzar una utilización práctica, ya que pueden ser datos estructurados y no estructurados lo que dificulta aún más su procesamiento.

¿Cuál es su importancia?

La importancia radica en que ese gran **conjunto de datos** revela patrones de comportamiento de la humanidad frente al uso de la red mundial.

Además, permite la interpretación para identificar tendencias, con el fin tomar acciones o decisiones en determinadas direcciones para aprovechar mejor los beneficios del conocimiento que esta era nos ofrece.

Te explico así en palabras de a centavo, no obstante, el tema es de gran complejidad y dicha información suministrada por los usuarios a través de sus móviles tiende a ser manejado por los dueños de los medios para captar la atención del público según sus intereses.

¿Te imaginas cómo sería el mundo sin internet hoy día?

Seguro tu respuesta es: ¡Guao! ¡eso ya no sería posible!

¿Quién querría perder la facilidad, la rapidez, el cúmulo de información y el encanto de esta época de Internet?

El siglo XX quedó atrás, cronológicamente concluyó, no obstante Internet quedó desde todo punto de vista, como la invención más grande de todos los tiempos lograda para la humanidad en el último tercio del siglo XX.

Internet desde sus inicios ha sido el artífice de innovaciones y desarrollos tecnológicos cada día de mayor avance, conduciéndonos a un nuevo nivel de satisfacción humana, donde comunicarnos pasó de ser un hecho circunscrito a una comunidad de manera directa y verbal, a ser un evento mundial, permanentemente interconectado modificando la forma cómo vivimos y cómo nos relacionamos.

Actualmente, nuestras actividades en su mayoría son virtuales, a través de la red y todo tendemos a resolverlo utilizando la interconexión y la información por ello, hoy día, *vivir sin Internet es sencillamente impensable.*

A continuación, he aquí otro concepto complejo e innovador que luego entenderás por qué lo cito aquí.

Acompáñame para que sepas de qué se trata...

¿QUÉ ES BLOCKCHAIN Y para qué sirve?

Creo que has podido darte cuenta de que nuestro modo de vivir ha venido transformándose en todos los aspectos, y como es lógico, el aspecto de las transacciones económicas y uso del dinero no podía sustraerse a tales cambios, muy por el contrario, ha sido ampliamente sensible a la penetración de lo digital.

De tal modo que, el dinero tal como lo conocemos y lo hemos visto desde siempre, tiende a su desaparición física, y nuestra posesión monetaria en un momento dado, podríamos verla transformada en una cifra frente a nuestros ojos en la pantalla del móvil o del portátil, sin jamás volver a tener en nuestras manos un billete o una moneda de forma tangible, tal como lo conocemos...es decir el dinero también vive su **Era Virtual.**

Para ello han creado el blockchain:

Del inglés, que, como sabes es una de las lenguas universales junto al chino y al español, así blockchain se traduce como: **cadena de bloques,** para relacionarlo al hecho de que una transacción sigue a otra en orden estricto e inmodificable.

Básicamente, **blockchain** es un sistema en el que se mantiene un estricto registro de transacciones realizadas con las llamadas criptomonedas (así se conocen tipos de divisas que sirven para comprar productos y servicios como cualquier otra moneda, pero que existe sólo en el mundo virtual), todo ello a través de un conjunto de computadoras que se hallan vinculadas unas con las otras en una red nodal de igual a igual.

Tecnología ésta que permite y asegura llevar un registro blindado, descentralizado, sincronizado y distribuido de todas las operaciones digitales entre usuarios, sin necesidad de la intermediación de terceros.

Se está utilizando en la actualidad, cada vez con mayor auge, como medio para la firma digital de cualquier tipo de negociación entre dos particulares sin notario o registrador.

Esto, por ejemplo, **se** puede aplicar en la gestión de contratos, depósitos de garantía, autenticación de transacciones, entre otros.

Para aclarar nuestra mente, *es la instauración de un sistema de operaciones mundiales usando moneda virtual, e intangible.*

Adiós a los billetes y monedas como elemento físico intercambiable tal y como lo hemos conocido.

El gran comercio electrónico que es Amazon o cualquier otra tienda virtual y la manera cómo pagas es un ejemplo típico de su modo de uso.

Te lo traigo, porque es necesario que conozcamos todo este mundo nuevo que hace aparición y en el que querámoslo o no, estamos cada más inmersos.

Capítulo V

Dispositivos electrónicos de uso común y su alcance

Al margen de toda cháchara y superficialidad, lo que realmente vemos como una marcada realidad es que el teléfono móvil, de golpe y porrazo, se volvió una herramienta imprescindible, de primera necesidad y de múltiples usos.

Y si bien, algunos historiadores contemporáneos citan el inicio de esta nueva era en 1991 a raíz de los citados acontecimientos, hay quien sostiene que todo comenzó el 9 de enero del año 2007 cuando Steve Jobs presentó el primer teléfono móvil inteligente hace ya 15 años.

Y es que ha sido el smartphone, el teléfono inteligente, el que nos ha catapultado como sociedad interconectada a lo que constituye hoy la Era Virtual.

Antes, nunca en la historia de la humanidad un objeto llegó a hacerse tan *necesario*, como *imprescindible* para los para el ciudadano común.

No lo logró la rueda, la palanca, la brújula, el automóvil, ni siquiera el frigorífico, con la velocidad que lo ha logrado este dispositivo.

En menos de 20 años pasó de desconocido y de difícil manejo a altamente popular y asequible para todos, y cada vez es más versátil constituyéndose en una verdadera microcomputadora con todos los avances tecnológicos de la era y proyectándose con celeridad a hacia otros escenarios antes nunca imaginados.

Es decir, se convirtió en un elemento necesario, imprescindible y útil en nuestras vidas. No podemos vivir sin él.

Y es de señalar como fenómeno capital el hecho de que las nuevas generaciones han sido el elemento humano primordial que ha elevado su uso de forma irrestricta y cada vez más ilimitada.

Se constituyó en un miniordenador que pone a tu disposición la inmensa mayoría de las funciones digitales que resultan importantes e interesantes para desenvolvernos en el mundo virtual.

Mira todo los usos que puedes darle, entre otros:

- Puedes hacer y recibir llamadas desde cualquier parte del mundo. Si lo deseas puedes ver los rostros de las personas sin importar la distancia, hablar mirándole a la cara en una videollamada.
- Recibir y responder correos electrónicos
- Conectar con grupos de reuniones a través de algunas de las aplicaciones respectivas
- Tomar fotografías de óptima calidad
- Grabar audios y videos y enviarlos
- Conservar archivos de fotos, de documentos, de grabaciones de correos, y mucho más.
- Mantener conversaciones virtuales a través de textos por WhatsApp y hablar a través de video chats.
- Ver videos de YouTube
- Consultar Google sobre la biografía del cantante que estás viendo en ese momento o de cualquier asunto que te interese.
- Ver tu ritmo cardíaco mientras caminas en el parque.
- En un momento de necesidad es brújula, calendario, termómetro, linterna, cronómetro y reloj despertador...
- Enviar y recibir dinero por transferencia bancaria, PayPal y otras plataformas
- Estar activo en las redes sociales

- Puede orientar tu coche hacia la dirección deseada con un GPS preciso.

Estoy segura de que aún podrías añadir otras funciones, porque dependiendo si disfrutas de un iPhone o de un Android nadie conoce mejor tu equipo que tú mismo.

Añadiendo un poco de comino a este sazón, yo podría afirmar que además de los sentidos conocidos y a través de los cuales captamos el mundo exterior a nosotros: vista, oído, gusto, tacto y olfato y la intuición, con la *Era Virtual* disponemos de uno más, el de la *percepción virtual.*

O quizás podría compararse con tener algo así como otra extremidad, cuando desde nuestras oficinas o desde donde estemos pudiéramos con el ojo de la virtualidad llegar a otros lugares remotos extendiendo un gran brazo elástico como en las comics.

Sin perder de vista, por supuesto, que todo ello es posible gracias a que más de 3.500 millones de personas disponen hoy de un móvil vinculado a internet, lo que no supone limitación de tiempo ni espacio, gracias a la interconexión digitalizada virtual y sostenida desde la intención de cada usuario.

Para responder a tal intención o necesidad de cada usuario, Internet a través de los algoritmos, bots e inteligencia Artificial ha logrado involucrarse en todas las dinámicas de un público ansioso de aprovechar las soluciones.

Entre esas dinámicas sociales surge la actividad comercial, donde por medio de las plataformas digitales se ha encontrado una forma exitosa de ejecutar procesos con fines concretos y resultados satisfactorios para el público usuario.

La comercialización de Internet hizo posible el desarrollo de redes privadas, ello generó la llegada de los e-commerces o comercios electrónicos, la sistematización de la banca para la realización exitosa y eficiente de operaciones comerciales desde cualquier parte del mundo.

La educación virtual durante el año 2020, de la pandemia, aceleró la creación de plataformas, métodos, modos y sistemas de intercomunicación alumno-profesor de forma que ya el aula presencial no tiene la supremacía de la enseñanza.

Igualmente, modificó la forma de hacer marketing, transformándolo del modo tradicional al marketing digital que se practica hoy día, y todo esto puede ser usado desde un móvil, a través de la instalación y ejecución de las llamadas aplicaciones.

"Tantos siglos, tantos mundos, tanto espacio…y coincidir"
Anónimo.

LA ERA VIRTUAL: UN MUNDO DE ALGORITMOS, BOTS E
INTELIGENCIA ARTIFICIAL PARA TI

"Tantos siglos, tantos mundos, tanto espacio…y coincidir"
Anónimo.

Capítulo VI

Encontrar pareja por internet es posible

Gracias, amigo lector, has llegado al penúltimo capítulo de "La **Era Virtual. Un mundo de Algoritmos, Robots e Inteligencia Artificial creado para tu disfrute"** sé que te ha sido de mucho enriquecimiento en lo cognitivo..

Como ya sabes, pertenezco a una de las últimas generaciones que vivió sin Internet, no obstante, en plena Era Virtual me dispuse a vivir una experiencia única, como lo es, encontrar pareja...Por Internet.

Para ello, utilicé una de las tantas plataformas que se ofrecen en la red para tal fin.

Ni siquiera nombraré las diferentes plataformas, porque perdería mucho de la magia de este libro, algunas son archiconocidas por su popularidad, pero si tu interés es serio y formal puedes ir a la red e Internet te llevará a lo que buscas.

Por mi parte busqué, como cristiana seguidora de Jesús que soy, una página que agrupara cristianos solos con intereses comunes a los míos.

También hay plataformas que invitan a la práctica e intercambio de algún idioma, por ejemplo, español e inglés y si se da otra situación es cosa de los usuarios, pero siempre, yo diría que esto es un "campo minado" donde debes tener cuidado donde asientas tu pie.

Destaco con énfasis que, hace nada, nuestros encuentros eran directos: un apretón de manos, un abrazo, una mirada tierna, eran nuestras maneras de establecer esa conexión natural con nuestros congéneres.

La aparición de la pandemia y la cuarentena marcó una nueva dimensión en la realidad de nuestras vidas, porque tal circunstancia nos "obligó" a percatarnos de que Internet *tenía que ser la forma* real, aunque intangible, de comunicarnos, lo cual nos ha llevado a todos a afinar la manera de lograr esa ansiada interconexión.

Y se impuso una nueva forma de interconectarnos, validada y ejercida por medio de dispositivos electrónicos, iPad, tabletas, computadores y mayormente, los teléfonos inteligentes o smartphones.

Así, expresarnos o sonreír mirando una cámara, se hizo normal, y nos exige poner nuestro amor y pasión en lograr esa conexión, y hasta imaginar a la otra persona desde nuestra alma, aún sin mirarla.

Porque se involucra a las personas y se trata de dar para recibir.

Porque nuestras acciones virtuales, hoy más que nunca van dirigidas desde el amor, esperando lo mismo del que a su vez nos capta en la red. **Es el aquí y el ahora** de nuestro tiempo.

¿ESTÁS SOLO (A), ESTAS preparado (a) para vivir la experiencia?

¿Desearías conseguir pareja y vivir acompañado(a) el resto de tu vida?

Despreocúpate, es perfectamente posible.

¡Te invito a hacerlo!

Confía en ti mismo (a) desde lo más profundo de tu ser, con la fe absoluta de que será una verdadera bendición. Y así será porque somos mente...

Eso sí, sin miedo, expectativa, o apego, sin forzar nada, divirtiéndote y fluyendo con cada circunstancia, atento (a) a cada señal.

Así mismo, mi sugerencia es a estar preparado (a), mente abierta, disponte a vivir la experiencia, sin juicios, sin querer morirte si después no funciona.

Tal como cuando eras pequeño e iniciabas un juego de metras con tu amiguito, era ganar-ganar, compartir, dar.

O como cuando lanzabas el anzuelo al agua para ver si capturabas algún pez, viviendo la emoción al sentir el halón de la atrapada.

Con paciencia, perseverancia pasión y mucho amor.

Por mi parte, llegué a mis 65 años, sola y con deseos de no continuar en ese estado.

Mis hijos, ya hombres y mujeres con vidas propias, parecían estar demasiado inmersos en sus mundos, un mundo en el que, si bien yo tenía cabida, ya no estaba cómoda.

Surgió de pronto, ante el hecho de sentirme preparada y en condiciones de vivir la expectativa.

Me permití entonces, soñar con una nueva oportunidad.

¿Por qué no, si la edad es solo un número?

¿Qué podía perder?

Me dispuse a ser como una niña y solo a ver ganancias.

Así fue como, con mente abierta a todas las posibilidades, enfrenté esa alternativa.

En otro momento de mi vida habría dicho: JAMÁS.

Testimonios de amigas hoy felizmente casadas, afianzaron mi decisión, un día acepté la opción, probaré, me dije.

Como quiera que fuera, al final del camino, nadie me quitaría lo bailado...

Esa decisión la tomé en el mes de enero, ni pensar que luego todo sería virtual.

Para marzo comenzó la pandemia, la posibilidad del "novio" ya no sería presencial, se redujo sólo al Internet, no me amilané y decidí intentarlo.

Internet puso a mi disposición múltiples páginas web, seleccioné la que consideré más conservadora, y dentro de mis preferencias religiosas, pude acceder, coloqué mi perfil, enfocándome según mis intereses, marqué un rango de edad y expresé claramente el propósito: busco un compañero, un esposo, un partner, para compartir el resto de mi vida.

No te niego, en principio estaba asustada, me decía:

-Quizás, nadie se fije en mí.

La publicación tuvo alcance mundial.

A partir de ahí, me llené de paciencia. Lo puse todo en manos de mi Yo Superior Divino.

Desfilaron ante mis ojos, a través de la pequeña pantalla de mi celular, personas del sexo opuesto, de distintas nacionalidades tipos y culturas, altos, flacos, rubios, de ojos azules, morenos, de cuerpos atléticos que trataban de vender sus atributos físicos por medio de atrevidas fotografías.

Preferí esperar que algún galán manifestara su interés, revisé muchos perfiles y esperé.

Recibía cada día numerosas invitaciones a entablar conversación vía correo electrónico...

De pronto tuve ante mí una solicitud que la voz de mi alma solitaria reconoció de inmediato...

Encajó mi perfil según sus requerimientos y acepté los suyos como yo había solicitado.

Era, de momento, solo eso, considerar una posibilidad. No podía ser de otro modo, lo inteligente era no irse de las primeras.

Empezó él, solicitándome el correo para entablar conversación virtual escrita, para *conocernos*.

Empezamos intercambiando ideas, opiniones, puntos de vista, entre otros temas, luego, vinieron las llamadas y posteriormente las videollamadas.

Buscando puntos de encuentros a través de la virtualidad...

No nos enamoramos persona a persona, ni mirándonos a los ojos, ni tomándonos de las manos ni frecuentándonos, ni viviendo la emoción de la cercanía como en mi experiencia de vida antes de Internet.

Nos enamoramos por la red, con nuestras mentes, con nuestro corazón, confiando el uno en el otro, descubriendo el alma en cada frase escrita a través del email.

Reafirmándose con las llamadas y video llamadas.

Porque una relación virtual tiene como fundamento la sinceridad, la confianza, la verdad, el compromiso...

De pronto, un día al ver su nombre en el email, empecé a sentir mariposas en el estómago y ansiedad por descubrir qué me diría...

Me descubrí deseando su siguiente email y angustiándome sino llegaba en el tiempo esperado.

Descubrí que, en verdad, la edad es eso, sólo un número porque todo volvió a repetirse como a mis 16, 50 años después, seguía viva y era capaz de vivir una nueva ilusión.

No hubo que salir de casa para conocerle, antes si no salías de tu casa seguro no conocías ni al gato del vecino.

Esta vez, contactamos mentalmente, nuestras vidas anteriores fueron nuestro aporte, como resultado del largo camino recorrido para encontrarnos cada uno...

Con un mundo vivido por separado aportando experiencia y deseos de vivir, con el tiempo a la espalda frente al ocaso de la vida, con las cabezas plateadas, el aspecto un tanto rollizo y el paso lento.

Sin embargo, nunca buscamos perfección, cada uno aclaró el plan, el propósito y sobre esas bases buscamos coincidencias y afinidades.

Un día cualquiera un email, traía anexo un itinerario de viaje, tenía fecha de llegada, el encuentro se daría, la esperanza, la fe...

Con una sonrisa de oreja a oreja, miré...

Fecha de venida, un itinerario de viaje, ¡confirmado!

¿El encuentro?

-Me dije a mi misma:

-Debes permitirte fluir sin forzar ninguna circunstancia...buscando una experiencia única...y si no funciona, ya no será por la Era Virtual, sino por otros motivos ajenos a la red.

¿Qué piensas de todo esto? ¿Te atreverías?

El tiempo actual te permite intentarlo y no quedarte con todo a la mano y no accionar, se trata de tomar acciones y disfrutar el momento de la vida en esta maravilloso hogar, nuestra TIERRA, hoy día totalmente interconectado, global y digital.

Capítulo VII

El efecto Internet

Te preguntarás ¿Qué es eso del efecto Internet?

A través de este contenido he manifestado mi punto de vista de cómo el uso de la virtualidad nos ha transformado, nos ha obligado a creer y confiar y hasta a amar a nuestro prójimo un poco más, le damos confianza cuando damos clic a sus propuestas y él, a su vez, se obliga a ser comprometido y leal con sus similares internautas.

No obstante, riesgos hay, por supuesto, como en toda actividad y más en esta que es virtual.

Queda mucho a la imaginación, a la fe y a la confianza en la buena intención.

No sabes si esa otra persona existe o si es un usurpador, un estafador, un destripador, un ladrón de órganos o qué sé yo.

No sabes con quién te encontrarás, si de verdad será el mismo que te escribía, y que se mostraba vía video llamadas, o si usurpaba una personalidad con oscuros intereses.

Toca confiar, entregar amor al que está del otro lado y esperar, más allá de las mariposas en el estómago y el temblor de las piernas, en el caso de la búsqueda de pareja.

Por esa razón, durante mucho tiempo no frecuenté Facebook, ni Instagram, ni LinkedIn, me parecía que estaba más segura en el anonimato, para finalmente sucumbir y hoy me he atrevido. Porque...

De pronto llegó el día en que si no estás en las redes no existes.

Si has llegado hasta aquí, querido lector, te invito a...

Analizar estas situaciones, para que midas los riesgos posibles, de los cuales no estamos exentos.

Caso Número 1

El Algoritmo Enamorado

—¿Quieres decir que se enamoraron por Internet?

—Si, así fue. Todos le decían:

- ¡Ten cuidado! Pero...

-Ella no hacía caso, seguía y seguía llena de felicidad con sus **amores virtuales**

—Locamente enamorada a través de Internet.

Nunca le miró a los ojos, aunque *hablaron* muchas veces por teléfono. Y recibía largos emails...

Nunca hubo videollamadas, siempre surgió algún *hecho fortuito* y las pospusieron, es decir, nunca vio su rostro.

En verdad, fue el poder de la imaginación, la soledad o quizás la necesidad de compañía... sumado al dominio de Internet que, como poderosa droga posee la capacidad de dominar la psiquis, todo ello exacerbado a través de hermosas y dulces palabras *calentándole la oreja* o hermosos textos *halagando su ego*.

—¿Y dices que casi se muere?

—¡Si, fue muy duro para ella!

Le costó mucho entender que solo fue un ...*juego* de la era de los **Bots**.

Los bots o robots conversacionales simulan una conversación humana interactuando con el usuario. Son Inteligencia Artificial.

Esa **persona** no era sino un robot programado para aprender cosas humanas sobre el amor y las relaciones eróticas.

Afortunadamente, los humanos, somos seres extraordinarios cuando nuestra mente se abre a comprender somos capaces de soltar y dejar ir...sólo se trató de un *Algoritmo Enamorado*.

¡AH! PERO ESTO PUDIERA ser peor aún... Mira este otro caso, verídico, ocurrió así:

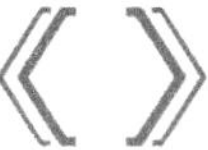

CASO NÚMERO 2

La Estafa

Una pareja de enamorados, ella de la tercera edad, viuda con pensión de su anterior marido y él, un poco menos viejo...

Tenían siete meses de relación virtual, con video llamadas y correos. Flores y chocolates con mucha dulzura, y melosidad un tanto exacerbada, aún desde la distancia.

Enamorada por Internet, cuadrada su primera cita, quedaron así:

En el puente de Londres a las cinco de la tarde del jueves 12 de agosto de 2019.

—Ok, ahí nos veremos pasado mañana a las 5 pm. Yo iré vestido de jean y camisa de rayas azul oscuro y chaqueta gris.

—Avísame, cualquier cambio. Dijo ella

—De acuerdo.

Él tomaría un tren desde una pequeña ciudad al sur de Francia y ella vivía en las afueras de Londres.

Ella llegó puntualmente, pero él no apareció...

Ocupó sola una habitación en un hostal cercano al lugar del encuentro, cuidadosamente reservado y cubiertos los gastos por ella con antelación, el hambre y el sueño la abandonaron. Una gran ansiedad se apoderó de ella.

A la mañana siguiente, desde su gran angustia, vio un mensaje en su teléfono, era de él.

Le decía que se le había muerto una hija en un accidente y por ello, no había podido acudir a su tan anhelada cita, que era una situación familiar muy delicada, que necesitaba ¡¡¡20.000 euros!!! que por favor era una obra de caridad que ella haría, necesitaba su ayuda, ante lo intempestivo de tal hecho, prometió que se lo devolvería con creces.

Ella dio en garantía su pensión de viuda, de varios meses, consiguió el dinero y le depositó donde él le indicó...

¿Qué pasó después?

Fue bloqueada de sus contactos...

Pasó tiempo, no supo más de él, pensando lo menos malo, lo peor, vino la depresión.

¿Quién era?, ¿qué había pasado, en qué momento se desvaneció todo?

Casi muerta y sin dinero, sus hijos y familiares cercanos le asistieron y se dieron a la investigación.

La verdad: una organización internacional o agrupación de personas determinadas a estafar mujeres solas con deseos de compañía y... pensionadas, un objetivo previamente identificado.

He ahí por qué mantenerse alerta a las señales:

Si el chateo está en sus inicios, no puede aceptarse como válida una declaración de amor, ni expresiones de entrega, menos una exacerbada melosidad, ni quiero casarme contigo, sueño contigo compartiendo vida de casados, de luna de miel en Hawái, oyendo el sonido de las olas del mar en una cabaña, besos, caricias pasadas de tono.

Lo que se plantea: No dejarse embelesar, ni empalagar sino ser prudentes e inteligentes.

No podemos olvidar que las relaciones amorosas pueden evolucionar y modernizarse en muchos aspectos, tal como lo hemos venido viviendo.

El avance de los tiempos ha sido inevitable, no obstante, los principios del amor, del respeto mutuo y de la confianza permanecerán intactos a lo largo de los siglos.

En Internet existe lo que se llama *trazabilidad,* es un seguimiento ineludible registrado a través del llamado Big data, ya hablé de ello.

Se vuelve imperativo averiguar, encontrar la ruta de su vida y constatar que es quien dice ser. Para entregar nuestra fe y confianza, sin peligro de ser burlados.

Conoce las páginas dónde buscar pareja, tienen, igual que otros servicios de internet, recomendaciones y se agrupan por edad, preferencias sexuales y hasta por religión.

No obstante, lo anterior no es motivo para desinflarse ni desestimar el inmenso recurso que te ofrece la era digital para ayudarte a conseguir tu pareja, muy por el contrario, lo recomendable es estar atento a las pautas y no irse de las primeras, analizar opciones y sin apego ni expectativas, pidiendo guía superior, abundan más las experiencias positivas que los chascos.

Lo demás dependerá de ti, de tu prudencia, madurez e inteligencia.

Recuerda que las relaciones, de la naturaleza que sean, se construyen sobre el respeto mutuo, la confianza, la sinceridad, aún más las virtuales, porque, tu palabra, en este caso, la manifestación de tu decisión a través del medio virtual, debe ser un compromiso que garantice el cumplimiento, tal cual una firma en un documento.

¿Y qué pasa con nuestros niños y adolescentes?

De manera anecdótica cito una plática entre una mujer con una chiquilla de más o menos 2 años, la inquilina, y la dueña de una habitación requerida por la primera:

-Está buena y a buen precio la habitación, pero si no hay Internet, quiero decir servicio de wifi, no se la puedo alquilar...

-Es que mi niña ve sus programas de comiquitas todo el día y así yo trabajo tranquila...

¡Insólito! ¿Verdad?

He aquí por qué es imperativo cuidar de forma particular y especial, cómo nuestros pequeños entregan su inocencia y su tiempo a la virtualidad:

Antes de los siete años, sus ondas cerebrales son de bajo tenor, están siempre grabando en su subconsciente lo que será su posterior concepción del mundo.

Expuestos sin control a los contenidos de las redes, su mente no ha desarrollado la capacidad crítica, por lo cual esta puede ser anulada para siempre, transformándolos en verdaderos autómatas no conscientes, algo que les será de muy poco beneficio y aporte en sus vidas, haciéndoles padecer de déficits atencionales y trastornos de autismo.

Ya superada la etapa de los 7 años, continúa agravándose el problema, porque se profundiza el mal, pudiendo llegar a ser un autómata que sólo vive para que su cerebro sea estimulado con la sustancia conocida en términos médicos como la hormona del placer y la cual el joven, necesita más y más cada vez y sólo la obtiene en su accionar como internauta.

Ya para entonces se habrá convertido en el dolor de cabeza de los padres de 40 años o menos, que no saben cómo enfrentar el problema.

Analiza este micro relato preparado para ti sobre lo que he llamado...

El efecto internet

Andresito, miraba al doctor, ahora "su Psiquiatra" visiblemente descontento...

Con mirada cariñosa y voz persuasiva, el anciano médico daba a su madre, la respectiva prescripción de píldoras de distintos tamaños y colores por tiempo indefinido contra la ansiedad y la depresión. Ansiolíticos y antidepresivos...

11 años antes, en un agradable ambiente de una clínica privada, familiares y amigos, celebraron gozosos la llegada del pequeño, a este mundo...

El primer grito saludando la vida, dio lugar al brindis.

- ¡SALUD!

Con primor, dedicación y entrega recibió amor, principios y valores por parte de sus mayores.

¿Cuándo se volvió, ansioso, insomne y depresivo?

Con lento y persistente efecto **su mente fue escaneada y hackeada** por un **poder insuperable** a partir de los 6 a 7 años mediante el uso de un celular de última generación.

Pese a las píldoras multicolores, prescritas por su psiquiatra y a las cantaletas de su madre, incapaz de lidiar con su realidad, Andresito sigue navegando en Internet, cada mas ausente del mundo que le circunda.

¿Qué hacer para evitar esta circunstancia?

El síndrome Internet, puede ser el efecto del caos más impredecible en la vida de una familia con preadolescentes.

¿Quieres evitarlo?

Por supuesto, (*of course*), dirás sin vacilar.

Entonces, NO le regales a tu hijo estudioso y listo un celular, un iPad o una tableta.

Me dirás:

- ¡Imposible!

Con autoridad y cariño, atiende sus necesidades y demórale ese "regalo" lo más posible...

Creer y confiar en que lo que nos toca está exento de riesgos es utópico, estos desafíos ahora son definitivos, atacan el ser en lo profundo, en el alma...

Expandir nuestra conciencia para aprovechar las ventajas de esta época a conciencia de que "no todo lo que brilla es oro" y ojo avizor siempre al cuidado de nuestros adolescentes, es lo que toca.

No perdamos de vista que la tecnología no es buena ni mala, así como el fuego no es bueno ni malo, con él puedes cocinar tu comida o quemar tu casa, según el uso que le des.

La tecnología que conocemos nos permite instruirnos, inspirarnos al conectarnos o volvernos adictos, porque puede resultar persuasiva y adictiva.

La tecnología es una herramienta que tú puedes usar a tu favor, sin embargo, la misma puede ser un arma de doble filo, porque si permites que ella te controle *tú serás su herramienta.*

De hecho, las redes sociales son como un poderoso "alivio" a los sentidos que te halan y te hacen permanecer distraído y abstraerte o evadirte, de tu realidad o de tu cotidiano vivir, como lo puede hacer una "poderosa droga", haciéndote autómata y motivando que pierdas tus creencias, y hasta tu propósito.

Eres tú como individuo, vale decir, como dueño de tu individuación, consciente de tu realidad, el llamado a darles uso adecuado en el contexto de una difícil y creciente dominación donde laboratorios dotados de "algoritmos" expresamente enfocados, dispuestos a darnos más de "eso" que sin darnos cuenta nos "sorbe el seso" para obtener más y más dinero con **el tiempo** en el que dedicamos **nuestra atención**.

Se trata de eso de **capturar tu atención** y lo hacen a cualquier precio, no hay piedad ni limites, es subliminal, van al bombardeo de tu subconsciente, por ello, sustituyen creencias y paradigmas, facilitando una vida sin propósito.

Debido a lo anterior es, por lo que debes tener previsión y cuido de los bebés, infantes, preadolescentes, adolescentes y hasta de ti mismo...

Como sujeto-objeto de los medios puedes ser reducido a una cifra de humanos, donde no existes sino como una masa informe sólo "atenta" a aquellos contenidos que quieren que manejes.

Los tiempos difíciles pueden debilitarte, pueden definirte o hacerte evolucionar, tú tienes la opción de levantarte y trascender tal situación y convertir todas esas herramientas en valiosos elementos de uso a tu favor todos los días. Tú decides...

¿Cómo?

Ahora mismo, ya lo estás haciendo, **leyendo**, pero hay otras cosas que pueden sumar a tu vida para mejor. Veamos:

Puedes "explorar" dentro del contexto de tu entorno, qué puede ser "ese algo" que te despegue de la posibilidad de tal adicción.

Explora qué es eso que te apasiona, que te convertiría en un creador de tu propia realidad y ponte como meta adquirir el conocimiento, entrar en posesión de los elementos necesarios para subir tu nivel, sin limitaciones, con disciplina, con verdadero amor por ello y lograrás serlo.

Tocar un instrumento musical, practicar un nuevo entrenamiento, un nuevo tipo de lectura o de auto ayuda, una receta, estudiar otro idioma, buscar pareja, enseñar lo que sabes...todo está ahí en Internet. A tu disposición. ¡Úsalo!

¿Qué es lo que realmente es importante para ti en tu vida como un todo, en tu carrera, en tu familia, en eso que proyectas y que estás dando a tu entorno cercano?

Si lo necesitas, busca ayuda, pero no te rindas. Eres valioso(a).

Observa a cada uno de tus hijos, sí, obsérvalos, ve dónde están sus pasiones, verifica si estás estimulándolos, contribuyendo a hacer de ellos seres pensantes y de mentalidad crítica, son tuyos por ley de la vida, no pidieron que los trajeras, sin embargo, tú los trajiste.

Más su vida no te pertenece, debes darles las herramientas para ser exitosos, apoyo moral y atención es siempre lo que demandan más que bienes materiales.

Ten en cuenta que los tiempos seguirán avanzando a su ritmo, de forma indefectible entonces considera el pensamiento de uno de los sabios más connotados del siglo XX.

Einstein dijo: "Temo el día en el cual la tecnología sobrepase nuestra interacción humana. El mundo tendrá una generación de idiotas".

En función a esto, hemos sido advertidos, toca disfrutar de este tiempo, sin perder el juicio, siendo prudentes e inteligentes.

Utilizando las redes sociales a nuestro favor y no permitiendo que ellas nos roben la iniciativa, la personalidad y el propósito por el cual llegamos a este mundo.

La inteligencia artificial, es artificial, no natural y nunca te superará a ti, ni a mí, porque somos la creación del Todopoderoso que nos hizo a su imagen y semejanza, únicos y especiales para el resto de la eternidad...

Epílogo

Con mucho cariño y mayor pasión he desarrollado este contenido al que he denominado **"La Era Virtual. Un mundo de Algoritmos, Robots e Inteligencia Artificial creado para tu disfrute"**

En él he analizado cómo a través de Internet, hemos pasado de vivir confinados en nuestra calle, en nuestra comunidad a ser ciudadanos del mundo virtual. Con capacidad de ver y vivir cada instante de todo evento o hecho acaecido en cualquier confín de la tierra.

Vivimos en el aquí y el ahora, en tiempo real, a través de Internet nos interconectamos con los cuatro extremos de nuestro planeta, sin que nada nos pase desapercibido siempre y cuando dispongamos de un teléfono inteligente y de una conexión a Internet.

Hemos de tener presente las bondades de este sistema globalizado e interconectado, así como sus riesgos y peligros para cada uno, ya se trate de niños, jóvenes o adultos, en la consciencia de que no todo lo que se nos ofrece es absolutamente bueno, ni tampoco absolutamente malo.

Lo cual quiere decir que debemos estar apercibidos del lugar que ocupamos, somos seres pensantes y como tales debemos valorar e interpretar la función que nos toca desempeñar para el logro de los planes y propósitos de vida.

Trascender dificultades es parte de ser exitosos y eso se logra con el conocimiento, es una verdadera fortuna que, a través de Internet, en la Era Virtual tenemos a nuestra disposición automáticamente toda clase de información, perfectamente fidedigna a nuestro alcance las 24 horas de cada una de las 52 semanas de cada año.

Con tan sólo disponer de un dispositivo electrónico y una conexión estable a Internet.

Me permito conceptuar la Era Virtual como:

La era de la confianza, del amor por el prójimo exacerbado en su máxima expresión, cuando a través del medio digital nos vemos en el caso de aceptar con un clic lo que el prójimo nos ofrece a través de la red.

Porque tan sólo esperamos de nuestro ofertante interactivo una propuesta de ganar-ganar entre ambos.

El mundo virtual se nos presenta como un todo, en su maravillosa inmensidad cubriendo cualquier aspecto imaginable de nuestra vida pasada, de nuestra vida actual, así como sus proyecciones futuras.

Con sólo un CLIC, según nuestro deseo, accedemos o no.

No sé ustedes, pero a veces yo he sentido una gran angustia al tener que decidir si doy o no mi fe, cuando con mi dedo cliqueo para ver, leer u obtener algo que ha motivado mis sentidos a ser aceptado.

Un número inimaginable por nuestra mente finita de interacciones electrónicas de toda índole está ocurriendo ahora mismo, segundo a segundo desde los cuatro extremos del globo generando un sinfín de hechos simultáneos (transacciones comerciales, llamadas, emails, posts, videos, zooms, entre otros) marcando una dinámica nunca vivida por la humanidad.

Una dinámica que nos involucra a todos los que en un momento dado estamos conectados a la red a través de los diferentes dispositivos electrónicos, abarcando más de 3500 millones de equipos actuando en simultaneidad.

¿Cómo es posible esto?

Es posible gracias a la Tecnología de la Información aplicada a las comunicaciones humanas.

"La Era Virtual. Un mundo de Algoritmos, Robots e Inteligencia Artificial creado para tu disfrute" llama a hablar de la red satelital orbitando alrededor de la tierra, de Internet, de Algoritmos, Robots e Inteligencia Artificial.

Red Satelital

La luna es el único satélite natural de la tierra, pero, la tierra dispone hoy día de múltiples satélites artificiales utilizados para cumplir funciones de envío y recepción de las comunicaciones masivamente utilizadas tales como: telefonía, televisión, internet...

De forma sencilla, podemos entender los satélites como espejos suspendidos en el espacio recibiendo ondas de radio comunicación y reflejándolas a la tierra, ello permite enlazar todos los puntos del planeta...

Todos los satélites se ubican alrededor del ecuador desde los 100 km de altitud, hasta los 35.000 km u órbita geoestacionaria.

Una vez que han alcanzado la órbita específica, el o los satélites se mantienen en ella mediante el principio físico de la Primera Ley de Newton y el efecto de la gravedad.

Con sus paneles solares desplegados captan la energía del sol, la cual es utilizada para el envío y recepción de información desde la tierra mediante el empleo de antenas microondas.

Microonda es una onda electromagnética comprendida en el espectro entre 300 MHz y 30 GHz.

A una altitud de unos 20.000 km desde el ecuador y recorriendo dos órbitas completas cada día se localizan los satélites GPS.

Los satélites que giran en la órbita de nuestro planeta son los artífices de la conexión a Internet cuando reciben y envían datos a los receptores terrestres.

Los receptores terrestres son antenas parabólicas emisoras y receptoras.

Una red satelital, es un conjunto de satélites orbitando, es decir, girando en la trayectoria de la órbita terrestre organizados con un fin. En el caso que nos ocupa se trata de las comunicaciones humanas.

Por su parte, Internet es una red informática global, capaz de proporcionarte una gran variedad de instalaciones de información y comunicación, consta de redes interconectadas que utilizan protocolos estandarizados dentro de los más celosos cánones que se repiten en todas partes del mundo.

¿Cómo es que recibimos la señal de Internet por satélite?

Una vez instalada la antena parabólica en tu hogar o negocio, a través del Internet Satelital se recibe una señal enviada desde el Satélite, dicha antena, a su vez, se conecta a un modem Wi-Fi, ello te permite conectar cualquier dispositivo de forma inalámbrica, y listo estás conectado.

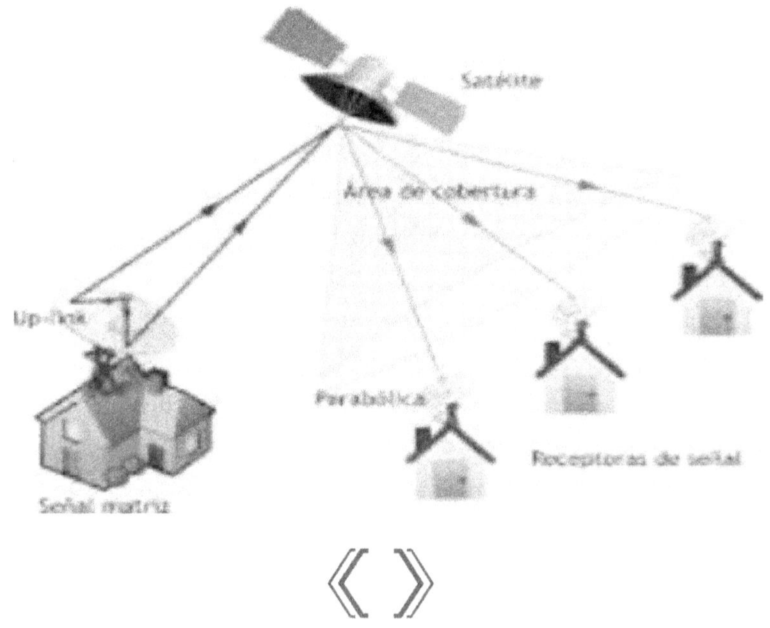

《 》

OBVIAMENTE, EXISTE un protocolo mundial, celosamente respetado en el mundo, a este respecto.

Algoritmos

Según el diccionario: En matemáticas, lógica, ciencias de la computación y disciplinas relacionadas, un algoritmo es un conjunto de instrucciones o reglas definidas y no-ambiguas, ordenadas y finitas que permite, típicamente, solucionar un problema, realizar un cómputo, procesar datos y llevar a cabo otras tareas o actividades.

es un término tecnológico de moda. Hablamos de ellos y de forma intuitiva suponemos que es algo complejo y ya, lo dejamos así. Se dice que hacen esto o aquello que son inteligentes, que conocen nuestros gustos, pasiones y preferencias más íntimas, que están en nuestros trabajos, que dominarán el mundo...

Y en ello hay mucho de acierto. El mundo digital es el imperio del algoritmo, como esencia de la Inteligencia Artificial.

La realidad es un que un algoritmo es un mecanismo sencillo, lógico, predecible, creado por humanos, para realizar acciones en función de resolver problemas para los humanos.

Debemos entenderlo como un conjunto de reglas para ser aplicadas de forma sistemática a datos de entrada, para aportar resultados de salida, dentro de un entorno de globalidad, para hacernos más fácil la cotidianidad.

Un ejemplo clásico, común, para entender el concepto, es el conjunto de reglas que aprendimos, en la escuela básica, para multiplicar o dividir decimales, son operaciones finitas y en una secuencia de pasos elementales que pueden ser ordenados en lenguaje de programación.

Un algoritmo podría ser una receta de cocina, un instructivo para hacer un sombrero típico de tu región, entre miles.

Son programas electrónicos para robots o computadoras en forma de instrucciones, para su ejecución como proceso o conjunto de reglas a seguir mediante cálculos u operaciones que dejan soluciones tangibles para satisfacer necesidades y expectativas de los humanos.

Estas interpretaciones matemáticas codificadas en lenguaje binario o electrónico sobre la resolución de algún problema son creadas por una mente humana, o experto en ingeniería sobre el tema.

Existen laboratorios de los medios para observar analizar y reproducir las conductas de los humanos...

ROBOTS, O BOTS

Bot es un acortamiento del término robot.

Son máquinas parecidas a seres humanos, construidas siguiendo un símil humano, capaces de replicar automáticamente ciertos movimientos y funciones características de nosotros los seres vivientes.

Programadas y construidas para realizar tareas repetitivas, predeterminadas. Con capacidad de interactuar y responder a estímulos.

Al ser automatizadas trabajan mucho más rápido que una persona, además nunca se cansarán, son maquinas.

Los Bots están programados para realizar tareas concretas como moderar o censurar chats, emular un jugador de un videojuego o pujar en webs de subastas en línea.

También pueden funcionar como virus informático o aumentar el tráfico de internet, como por ejemplo las visitas a un vídeo o una publicación con la intención de convertirlo en tendencia.

En Wikipedia realizan tareas de corrección de faltas de ortografía, mantenimiento de la coherencia de estilo, entre otros aspectos.

Igualmente, pueden emular la interacción humana: los bots conversacionales simulan una conversación humana interactuando con el usuario, a través del hilo telefónico.

En redes sociales algunos bots realizan funciones de generación de contenido, es decir publicando mensajes. También se dan casos de fraude como los perfiles falsos del servicio de citas Ashley Madison o el de las reseñas falsas de Amazon.

Otros Bots, son usados para chats en línea o chatbots, interactuando con personas. En video juegos, son los que dan vida al esquema del juego.

Inteligencia Artificial

En este caso, el término "artificial" hace referencia a que esa inteligencia no es la inteligencia natural de un ser vivo, no quiere decir que sea falsa.

Constituye el desarrollo de sistemas informáticos capaces de realizar tareas que normalmente requieren la inteligencia humana tales como:

Percepción visual, reconocimiento del habla, toma de decisiones, traducción de idiomas entre otros, todo ello para ejecutar acciones automatizadas sin el concurso de los humanos, aumentando la eficiencia y disminuyendo errores y equivocaciones.

De forma general incluyen numerosas tecnologías creadas para mejorar o servir de complemento al trabajo en las distintas áreas del desenvolvimiento humano, considerando hasta su capacidad cognitiva.

Pueden recoger o absorber datos para interpretar y aprender de ellos, al tiempo que aplican esos aprendizajes ejecutando acciones, todo ello basado en los algoritmos, o sea en las secuencias de pasos electrónicos creados por los humanos para llevar a la obtención de resultados de tareas.

En conclusión, es una disciplina para la creación de máquinas inteligentes, trabajando de forma activa en el objetivo de lograr imitar la inteligencia humana de forma total o al menos parcialmente.

Por ello, deben ser capaces de captar datos o informaciones, interpretarlos, aprender de ellos y tomar acciones según la aplicación de esos aprendizajes destacándose por su eficiencia y perfección en el desarrollo de tales actividades, de tal modo que una vez completada su creación, ningún humano competirá con ellos.

A esto se refería Stephen Hawkins cuando afirmaba que las máquinas superarían a los humanos.

Querido lector, **"La Era Virtual. Un mundo de Algoritmos, Robots e Inteligencia Artificial creado para tu disfrute"** nos permite conocer algunas de las ventajas de vivir en esta época, y disfrutar de todo lo que ella nos ofrece.

Simultáneamente, nos llama a profundas reflexiones cuando analizamos las proyecciones futuras, así como los alcances del desarrollo de la Inteligencia Artificial.

Sobre todo, en una coyuntura donde el mismo sistema atenta contra la individualidad de cada uno de nosotros robando nuestra atención.

Asoma una tendencia a arrastrarnos a un estado de no ser conscientes de nuestras capacidades y talentos para entregarnos al doping que brindan los contenidos de las redes sociales a través de la absorción total de nuestra capacidad pensante hasta convertirnos en autómatas incapaces de centrarnos en nuestro propósito de vida.

Quiero exhortarte a valorar y considerar lo que representa este momento actual donde se nos ataca desde las redes con todo el conocimiento que nosotros mismos hemos aportado con nuestra entrega incondicional a la Era Virtual.

En este momento de la conclusión de esta obra, quiero aclararte que el disfrute de la Era Virtual con sus algoritmos, robots e inteligencia artificial debe ser aprovechado a plena consciencia de lo que ello representa, no podemos actuar de forma irrestricta.

Esta tecnología fácil ha pasado a ser utilizada en desmedro de las mayorías y a favor de minorías que sólo buscan enriquecerse valiéndose de hacernos cada vez más estúpidos a todos.

Desde mi corazón te invito a la mas profunda reflexión, a sabiendas de que nos enfrentamos a un poderoso gigante que tenderá a despojarnos de nuestro poder como seres pensantes hechos a imagen y semejanza del Creador.

Muchas gracias.

Ana Elizabeth Duarte Hernández

Ana Elizabeth Duarte Hernández

Copywriter Certificado por Udemy. Redactora, Curación de Documentos.
Conocimiento de Marketing de Contenido Certificado de Rock Content
Redactor SEO certificada por Domestika,
Conocimientos de Storytelling certificada por Domestika
Blogger de latincopy.com y Copyworkers.online
Desarrollo de inteligencia Emocional y
Fundamentos de Liderazgo Certificado por LINKEDIN
Ing. Agrónomo Mención Fitomejoramiento, UCV
Coordinación Académica UNEXPO, Tesis de grado.
Fundación CIARA. Extensionista Agrícola
Gobierno del Estado Bolívar: Elaboración y evaluación de Proyectos para comunidades agrícolas. Cadenas de Producción
Ince Agrícola: Didáctica. Hidroponía Casera.

https://kdpeditorialdesign.com/

Don't miss out!

Visit the website below and you can sign up to receive emails whenever Ana Elizabeth Duarte Hernandez publishes a new book. There's no charge and no obligation.

https://books2read.com/r/B-A-GJZS-AWIDC

BOOKS 2 READ

Connecting independent readers to independent writers.

Did you love *La Era Virtual: Un mundo de algoritmos, bots e inteligencia artificial para ti*? Then you should read *Guía práctica para vivir en la Consciencia del Ser*[1] by Ana Elizabeth Duarte Hernandez!

[2]

GUIA PRÁCTICA PARA VIVIR EN LA CONSCIENCIA DEL SER. *Vivir desde tu espiritu*

Es un intento de la autora de decodificar el algoritmo de su propio SER, desdoblando las acciones, incidencias, hechos y vicisitudes que, durante el transcurrir de su vida, le han servido para avanzar, y con resiliencia encontrar un resurgir, un crecimiento, una reinvención de su personalidad y al mismo tiempo proyectarse para ti como una guía, un camino y un deseo.

---

1. https://books2read.com/u/4jqWZ5

2. https://books2read.com/u/4jqWZ5

Ese deseo de despertar tu consciencia, tu espiritualidad versus tus propias vivencias, el encanto de sentirte útil, y de aportar siempre al mundo un legado de conquistas más que de alabanzas.

La consciencia es la única causa.

Nada puede alterar los acontecimientos en tu vida, excepto un cambio en tu propia consciencia.

Ese cambio no debe ser visceral, al contrario, debe ser un cambio con propósito claro y muy sólido que contribuya sí, o sí, a aclarar y definir tus propias ambigüedades, aportando a tu prójimo siempre con pasión la mejor versión de ti mismo.

Comprender, y a la vez asegurarte de que el despertar de tu consciencia, en virtud de tu propio equilibrio interior pase por las mejores actitudes ante la vida, la aceptación y disfrute de tu realidad actual, un cúmulo de estímulos, de eventos tendientes a visibilizarte, pero sobre todo a asumir con entusiasmo siempre tu proceso de vida.

En este título puedes determinar los distintos hitos de tu consciencia, intencionalidades, influencia y transformación de tus circunstancias ante el mundo en congruencia con tu vivir al conectarte con tu ser íntimo para tu mayor bienestar.

Así que te invito a conquistarte, a seguir los consejos de la autora, una referencia, pero sobre todo ser capaz de "vivir una nueva vida en el ser", así que no te lo pierdas y desde ya súmate a esta tendencia ganadora, llena de conquistas, de sueños y de alabanzas para mejorar y estar cada día más cerca del logro de ser lo que siempre has deseado ser, en este inevitable proceso de cambio de la humanidad hacia la realización del SER.

WILMER ANTONIO VELÁSQUEZ PERAZA
CEO MANAGER KDP EDITORIAL DESIGN.
Read more at https://kdpeditorialdesign.com/.

Also by Ana Elizabeth Duarte Hernandez

Espiritual, crecimiento personal
Guía práctica para vivir en la Consciencia del Ser
La Era Virtual: Un mundo de algoritmos, bots e inteligencia artificial
para ti

Finanzas & Libertad Fnanciera
Dinero en línea Interconexión Global
El Maravilloso mundo del Trading

KDP Editorial Design
Principios de Redacción SEO optimizada para el posicionamiento
orgánico

Watch for more at https://kdpeditorialdesign.com/.

About the Author

Ana Elizabeth Duarte Hernández

Copywriter, certificada por Udemy, redactora, curadora de contenidos, especialista en marketing de contenidos por RockContent, conocimientos de storytelling, desarrollo de inteligencia emocional y fundamentos de liderazgo por LinkedIn.

Ingeniero Agrónomo Mención Fitomejoramiento genético UCV Venezuela.

Read more at https://kdpeditorialdesign.com/.